Landfrauen

Aufstriche, Dips & Brot

Rezepte und Geschichten aus'm Ländle

einhorn

Vorwort

»Das Essen soll zuerst das Auge erfreuen und dann den Magen«

Johann Wolfgang von Goethe ist nicht nur Respekt für seine literarischen Werke zu zollen, sondern auch für unumstößliche Lebensweisheiten wie diese. Denn was der Dichter und Denker hier formuliert, können wir nach Verkostung der kulinarischen Köstlichkeiten der Landfrauen nur für zutreffend erklären – sie sind Augenweide und Gaumenfreude pur. 28 Rezepte rund um das Thema Aufstriche, Dips und Brot wurden für dieses Kochbuch aus den zahlreichen Einsendungen der Landfrauen aus der Region Schwäbisch Gmünd ausgesucht. Darunter Rezepte, die beim gemütlichen Zusammensitzen aufgeschnappt wurden oder die generationenverbindende Klassiker sind und von der Tochter an die Mutter weitergereicht wurden. Das Ergebnis kann sich sehen lassen. Und dabei wurde weder auf Fooddesign, Fotostudio oder sonstige »Schönmacher« zurückgegriffen. Allein den Ideen der Landfrauen, der kreativen Hand unserer Kollegin Nanna Diemar und den Fotokünsten Elias Blumenzwergs ist es zu verdanken, dass einem bereits beim Betrachten das Wasser im Mund zusammenläuft.

Kathrin Klar,
einhorn-Verlag

Legende
Zubereitung

leicht	♟
mittel	
schwierig	

Inhalt

Aufstriche, Cremes & Dips

Schnittlauch-Quark	04
Apfel-Zwiebel-Butter	06
Omas Brotaufstrich	08
Brotaufstrich mit Radieschen und Frühlingszwiebeln	10
Bayerischer Obazda	12
Schinken-Ei-Aufstrich	14
Dattel-Creme	16
Lachs-/Forellen-Dip	18
Griechischer Brotaufstrich	20
Geräucherter Lachs-Dip	22
Roter Brotaufstrich	24
Sonnige Karotte-Brotaufstrich	26
Paprika-Creme	28
Radieschen-Brotaufstrich	30
Thunfisch-Frischkäse-Aufstrich	32
Holunder-Zwetschgen-Marmelade	34
Holunderblüten-Apfel-Gelee	36
Süß-herber Brotaufstrich	38

Brötchen & Brote

Eiweiß-Brot	40
Fladen-Brot	42
Dinkel-Vollkorn-Brot	44
Schloss-Schmiede-Brot	46
Schlatthof-Briegel	48
Glutenfreies Knusper-Brot	50

Fingerfood

Börek	52
Pizza-Briegel	54
Essbare Fliegenpilze	56
Käsebeutel Pogaca	58

Elisabeth Hirner
Waldstetten

Elisabeth Hirner, die von allen Mona genannt wird, ist gebürtige Niederösterreicherin. 1971 kam sie nach Deutschland und betreibt seither in Waldstetten eine kleine Landwirtschaft. Nebenher betreut sie außerdem noch eine Ferienwohnung. Nach ihren Hobbys gefragt, antwortet sie: »Backen, basteln und ich liebe Blumen«. Zu den Landfrauen stieß sie 1998, nachdem sie auf einem Gartenfest angesprochen wurde. Seitdem genießt sie dort vor allem die gemeinsamen Reisen, die jedes Jahr woanders hinführen. Über die Gemeinschaft beim Landfrauenverein sagt sie: »Es ist immer recht lustig bei uns« und »es passt einfach«. Das Geleerezept auf Seite 37 gefällt ihr vor allem, weil es ein bisschen ausgefallen ist und bei ihr jeden Morgen Marmelade auf dem Frühstückstisch steht. Der Schnittlauchquark hingegen ist ein gängiger Brotaufstrich aus ihrer Heimat und passt einfach zu allem – aber am besten zu Schwarzbrot, findet sie.

Zutaten

250 g Quark
1/2 Becher Schmand
Schnittlauch
Salz
Pfeffer

Zubereitung

Schnittlauch klein schneiden, mit den restlichen Zutaten vermengen und mit Salz und Pfeffer abschmecken.

Zubereitungszeit: 5 Minuten

Apfel-Zwiebel Butter

Zubereitungszeit: 20 Minuten

Zutaten

3 große rote Zwiebeln
1 bis 2 Äpfel
250 g Butter
Salz
Pfeffer
Majoran oder Thymian

Zubereitung

Die roten Zwiebeln in feine Würfel schneiden und in der Hälfte der Butter glasig andünsten.

Den Apfel schälen und in feine Würfel schneiden und zu den Zwiebeln geben. Die andere Hälfte der Butter dazugeben und alles dünsten, bis es weich ist. Mit Salz und Pfeffer abschmecken. Für den besonderen Pfiff Majoran oder Thymian zugeben.

Die Masse etwas stehen lassen, damit diese die rote Farbe der Zwiebeln annimmt. Solange die Butter noch weich ist, mit dem Zauberstab mixen. Je nach Geschmack etwas stückig oder ganz fein.

Tipp:
Passt zu **Brot** und **Gegrilltem**

Iris Abele
Lindach

Der Landfrauenverein Lindach setzt sich aus Mitgliedern zwischen 18 und 90 Jahren zusammen. Eines davon ist Iris Abele. Die 45-Jährige schätzt an den Landfrauen besonders, »dass auf Tradition Wert gelegt wird und dass die Werte an die jüngere Generation weitergegeben werden und damit nicht verloren gehen.« Ein Höhepunkt für die Landfrauen Lindach war die Landesgartenschau, meint Iris Abele, denn diese war »die erste Bewährungsprobe für alle Generationen«.

Seit fünf Jahren ist sie bei den Landfrauen. Neben dem Verein, ihrer Arbeit als Ortschaftsrätin und der Bewirtschaftung ihrer kleinen Landwirtschaft mit Hühnern und Kamerunschafen findet sie noch Zeit für ihre Hobbys Zumba, Kochen und Lesen, hier ist »von Historischem über Sachbücher bis zu Romanen alles dabei«. Ihr Rezept hat sie selbst zusammengestellt, denn einerseits experimentiere sie gern, andererseits schätzt sie es »aus einfachen Dingen etwas Gutes zuzubereiten«.

Barbara Weber
Waldstetten

Zutaten

100 g Reste vom Braten, Schnitzel oder Steak
1 kleinere Zwiebel
1 Knoblauchzehe
1 EL Rapsöl
100 g Butter
1-2 EL Schnittlauch
Salz
Pfeffer

Zubereitungszeit: 20 Minuten

Zubereitung

Reste vom Braten, Schnitzel oder Steak in feine Würfel schneiden. Die Zwiebel und die Knoblauchzehe fein schneiden.

Das Rapsöl erhitzen und die Zwiebel und den Knoblauch darin andünsten. Die Fleischwürfel kurz mitrösten und die Masse abkühlen lassen.

Butter und Schnittlauch mit Salz und Pfeffer würzen und cremig rühren. Die abgekühlte Zwiebel-Fleisch-Mischung unterrühren. Durchziehen lassen, nochmals abschmecken.

Schmeckt am besten auf kräftigem Bauernbrot. Das Brot kann noch mit Schnittlauch- oder Zwiebelringen bestreut werden.

Brotaufstrich
mit Radieschen und Frühlingszwiebeln

Liese Eisele
Waldstetten

Bei den Vorträgen der Landfrauen »lernt man immer was und nimmt immer viel mit«, findet Liese Eisele. Die interessanten Vorträge und ihre Mutter, die schon lange bei den Landfrauen war, trugen ihren Teil dazu bei, dass sie nun schon seit über 20 Jahren bei den Landfrauen Waldstetten ist. Als Schriftführerin ist die gebürtige Waldstetterin »immer im Einsatz«, denn »wenn es was zu schreiben gibt, mache ich das«, sagt sie.
Das Rezept des Brotaufstriches bekam sie von ihrer Tochter. Die Zutaten lassen sich auch wunderbar variieren und abändern, denn Liese Eisele benutzt meist das, »was eben gerade da ist«. So wird der Aufstrich »jedes Mal anders«. Die Bewährungsprobe bestand er auf der Landesgartenschau mit Bravour, wo er sich großer Beliebtheit erfreute.
Im Kühlschrank 2–3 Tage haltbar.

Zutaten

2 Becher Frischkäse (ganz fett)
1/2 Becher Quark
1 rote Paprika (klein)
3–4 Frühlingszwiebeln mit Grün
5–6 Radieschen
Schnittlauch
Paprikapulver
Cayennepfeffer
Salz

Zubereitung

Alle Zutaten sehr klein schneiden und mit dem Frischkäse und Quark vermengen.

Mit etwas Paprikapulver, Salz und Pfeffer abschmecken.

Zubereitungszeit: 20–30 Minuten

Tipp: Kann mit **Kräutern und Knoblauch** verfeinert werden.

Bayerischer Obazda

Zubereitungszeit: 20 Minuten
Kühlzeit: mindestens 1 Stunde

Zutaten

300 g Camembert
150 g Frischkäse
40 g weiche Butter
1 kleine Zwiebel
Schnittlauch
3 EL Bier
1 EL Paprikapulver
etwa 1 TL Salz
etwa 1 TL Pfeffer
etwa 1 TL gemahlener Kümmel

Zubereitung

Camembert in Stückchen schneiden und mit dem Frischkäse und Butter vermengen.

Eine Zwiebel schälen und klein hacken. Schnittlauch ebenfalls klein hacken. Alles zusammen mit den Gewürzen und dem Bier vermengen.

Im Kühlschrank mindestens eine Stunde durchziehen lassen und vor dem Servieren nochmals abschmecken.

Simone Geiger
Herlikofen

Tipp: Wird in Bayern *traditionell* zu einer **Brezen gegessen**

Schinken-Ei Aufstrich

Zubereitungszeit: 20 Minuten

Zutaten

3 hartgekochte Eier
100 g Kochschinken
200 g Frischkäse
Salz
Pfeffer
Kräuter nach Belieben (z.B. Schnittlauch, Petersilie)

Zubereitung

Eier klein schneiden und mit dem Frischkäse und den Gewürzen pürieren. Schinken sehr klein schneiden und unterziehen. Zum Schluss die fein gehackten Kräuter unterrühren.

Statt Kochschinken kann auch geriebener Käse verwendet werden, als leckere vegetarische Alternative.

Tipp: Der Aufstrich eignet sich auch zum Überbacken

Birgitt Fautz
Großdeinbach

Singen und ihr Garten sind Birgitt Fautz' größte Hobbys. Über sich selbst sagt die 55-Jährige: »Ich bin ein Mensch, der einen schön gestalteten Garten mag«, und mit allerlei bunten Blumen sorgt die gebürtige Lorcherin dafür, dass er in ganzer Blüte erstrahlt. Außerdem singt sie im Chor der Martin-Luther-Kirche – durch ein Projekt kam sie dazu und ist seither dabei geblieben.
Zu den Landfrauen Großdeinbach kam sie vor rund acht Jahren, nachdem sie darauf aufmerksam wurde, was der Verein alles bietet. Aber nicht nur die zahlreichen Veranstaltungen gefallen Birgitt Fautz bei den Landfrauen, sondern auch »dass es eine Gruppe nur für Frauen ist und dass sie sich für deren Belange einsetzt«.
Das Rezept bekam sie von ihrer Tochter und findet daran toll, dass es »mal was anderes« ist.

Gerlinde Frei
Waldstetten

Fünf Enkelkinder und jede Menge Hobbys wie Gartenarbeit und Fahrradfahren halten Gerlinde Frei auf Trab. Und dann nicht zu vergessen die Ausflüge und Besichtigungen der Landfrauen, die ihr besondere Freude bereiten. Dort erfahre man immer wieder Neues und Wissenswertes. Interessante Vorträge und auch die tolle Gemeinschaft waren schließlich auch die Beweggründe, die Gerlinde Frei vor sechs Jahren zu den Landfrauen brachten. Das Rezept der Dattel-Creme hat sie von ihrer Tochter Beate Kornau, die es während der Landesgartenschau den hungrigen Besuchern kredenzte. Das Beste an dem Rezept sei die Mischung aus süß und scharf, sagt sie. Außerdem könne es je nach Geschmack schärfer oder milder abgeschmeckt werden und passe somit zu fast allem.

Zutaten

125 g Datteln entkernt
1 Knoblauchzehe
200 g Frischkäse
200 g Schmand
1 TL Harissa, Paste oder Gewürz
1/2 TL Salz
3 Prisen Pfeffer
1/2 TL Curry
1/2 TL Kreuzkümmel gemahlen

Zubereitung

Datteln klein schneiden, Knoblauch durch die Presse drücken und mit allen Zutaten gut vermischen.

Besonders geschmeidig wird die Creme, wenn sie mit dem Mixer hergestellt wird: Entkernte Datteln und geschälten Knoblauch ca. 13 Sekunden mixen, danach mit Spatel nach unten schieben. Restliche Zutaten in den Topf geben und 15 Sekunden auf niedriger Stufe vermischen.

Tipp:
Lecker zu Weißbrot
oder als
Dip zu Gemüse

Zubereitungszeit: 20–30 Minuten

Zubereitungszeit: 10 Minuten

Zutaten

1 kleine Zwiebel
1 hartgekochtes Ei
200 g Räucherlachs oder Forellenfilet
200 g Frischkäse
Pfeffer
Meerrettich

Zubereitung

Zwiebel, Ei und Räucherlachs im Mixer zerkleinern.

Frischkäse, Pfeffer und nach Belieben Meerrettich dazugeben und nochmals gut vermischen.

Claudia Vogt
Mögglingen

Claudia Vogt ist das »Küken« der Landfrauen Heubach-Mögglingen, wie sie von den anderen ab und an scherzhaft genannt wird. Die 52 Jahre alte Frisörmeisterin ist auf einem Bauernhof »mit allem Drum und Dran« aufgewachsen. Obwohl es in ihrem Job manchmal hektisch wird, findet sie Zeit für ihre Hobbys wie den Faschingsverein, ihren Gemüse- und Blumengarten und das Dekorieren.

Zu den Landfrauen kam sie durch ihre Mutter, die stets von den tollen Vorträgen schwärmte. Seit drei Jahren ist Claudia Vogt nun schon bei den Landfrauen. Gerne erinnert sie sich an die Landesgartenschau zurück, denn das Bedienen der Gäste hat ihr großen Spaß gemacht. Das Rezept hat sie während eines »Tupperabends« aufgeschnappt. Der Dip gehört mittlerweile zum festen Repertoire in ihrer Küche, denn der Brotaufstrich ist »der Renner«, sagt sie. Zudem passe er zu vielem, egal ob beim Sektempfang, Frühstück oder Abendessen.

Ruth Holzner
Waldstetten

Ruth Holzner ist schon seit 15 Jahren bei den Waldstetter Landfrauen. Durch ihre Nachbarin wurde die 62-Jährige auf die Landfrauen aufmerksam und hat dort schon viele und sehr nette Freundschaften geschlossen. Besonders schätzt sie die Gemeinschaft und gemeinsame Unternehmungen und Ausflüge, so hilft sie nicht nur beim Herrichten der Blumenbeete in der Gemeinde, sondern auch bei vielen Veranstaltungen. Die aktive Hauswirtschafterin läuft gerne und arbeitet gerne in ihrem Garten. Dass das Rezept des Brotaufstriches in ihre Hände gelangte, ist im weiteren Sinne das Ergebnis der Landesgartenschau im vergangenen Jahr, auf der die Frauen untereinander Rezepte tauschten. Besonders mag Ruth Holzner an dem Rezept, dass es schnell geht und dazu noch was hermacht, wie sie lachend sagt.

Zutaten

200 g Frischkäse, natur
200 g Feta
1 Knoblauchzehe
1 kleiner roter (Spitz)Paprika
Petersilie
Paprikapulver
Salz und Pfeffer

Zubereitung

Den Feta zerbröseln und Frischkäse dazugeben.

Den Knoblauch sehr fein schneiden oder durch die Knoblauchpresse drücken.

Den roten Paprika in kleine Würfel schneiden, alles gut verrühren und mit den Gewürzen abschmecken.

Tipp:
Passt gut zu **Gegrilltem,** aber auch zu frischen **Kartoffeln**

Zubereitungszeit: 15 Minuten

Geräucherter Lachs-Dip

Ilse Haag
Ruppertshofen

Acht Enkel im Alter zwischen zwei und 22 Jahren halten Ilse Haag aus Ruppertshofen auf Trab und sind gleichzeitig ihr »allerliebstes Hobby«. Lange Zeit arbeitete die 68-Jährige selbst in der Landwirtschaft, in dieser Zeit hatte Ilse Haag ihr erstes »Gastspiel« bei den Landfrauen. Sie begann eine Ausbildung als Altenpflegerin, so dass sie kurze Zeit aussetzen musste. Seit 2004 nimmt sie wieder aktiv am Vereinsleben teil. »Zu den Landfrauen gehe ich sehr gern, weil ich mich dort wohl fühle und es meinen Alltag bereichert.«, sagt sie. Die Brotaufstriche sind allesamt Eigenkreationen, die »man zwar länger aufheben kann, aber alt werden sie bei uns nie«, lacht Ilse Haag.

Zutaten

3 Scheiben Lachs
1 Bund Dill
200 g Frischkäse natur
100 g Schmand
100 g Crème fraîche
1 hartgekochtes Ei

Zubereitung

Lachs und Dill fein schneiden. Frischkäse, Schmand und Crème fraîche zusammenrühren und mit Kräutersalz, Zitronen-Pfeffer und etwas gemahlenen Rosmarin abschmecken.

Das Ei fein würfeln und zuletzt mit dem Lachs und Dill unterheben.

Zubereitungszeit: 15 Minuten

Tipp: Kurz vor dem Verzehr zubereiten

Zubereitungszeit: 20 Minuten

Zutaten

200 g Frischkäse
100 g Crème fraîche
1 Becher Naturjoghurt
1 Päckchen Gelatine
2 rote Paprika
2 Radieschen
2 Tomaten
2 Löffel Tomatenmark
Zwiebeln
Knoblauch
Schnittlauch
Petersilie
Basilikum
Liebstöckel
Kräutersalz

Zubereitung

Frischkäse, Crème fraîche und Naturjoghurt mit Gelatine mischen.

Paprika, Radieschen und Tomaten fein würfeln und zur Käsemischung geben.

Mit Tomatenmark, feingehackten Zwiebeln, etwas Knoblauch, Schnittlauch, Petersilie, Basilikum, Liebstöckel und Kräutersalz würzen und abschmecken.

Ilse Haag
Ruppertshofen

Tipp: Schmeckt besonders frisch mit Rucola oder Kresse im Frühling und Sommer

Zubereitungszeit: 20 Minuten

Zutaten

1 Packung Frischkäse
100 g Karotten
25 g Sonnenblumenkerne

Zubereitung

Die Karotten schälen und klein raspeln und mit den Sonnenblumenkernen mit dem Stabmixer fein pürieren.

Fischkäse dazugeben und gut vermischen.

Eventuell, je nach Frischkäse, noch einen Hauch Salz dazugeben.

Monika Müller
Unterkirneck

Monika Müller ist begeisterte Landfrau. Als geborene Hussenhöferin folgte sie ihrem Mann nach Kirneck und hat es keine Minute bereut – ein landschaftlicher Traum sei es, hier oben so nah an den Ausläufern des Schurwaldes zu wohnen. Am Programm der Landfrauen schätzt die 48-Jährige die vielen interessanten Bildungsveranstaltungen, »da nimmt man immer was mit«. Richtig spannend findet sie die Zusammensetzung der Kirnecker Ortsgruppe, die 130 Mitglieder zählt: Da ist wirklich jedes Alter vertreten und man kann die beeindruckendsten Geschichten hören. Ihr Rezept, die »Sonnige Karotte«, bereitet sie gerne zum Brunch zu. Es schmeckt nussig und frisch und bedarf keiner ausgefallenen Zutaten.

Tipp: Schmeckt besonders gut zu Laugengebäck

Ulrike Platzer

Ulrike Platzer, von Sternzeichen Löwe, sagt über sich selbst: »Ich bin ein Rudeltier und gerne mit anderen Menschen zusammen.« Seit 15 Jahren ist die Waldstetterin bei den Landfrauen und fühlt sich dort sehr wohl. Der Zusammenhalt sei toll, meint die 55-Jährige, und auch die Ausflüge und Veranstaltungen wie beispielsweise die Gartenfeste. Ihre Hobbys beschreibt Ulrike Platzer folgendermaßen: »Alles, was mit Faden, Nadeln und Stoffen zu tun hat« – Stricken, Sticken und Häkeln zählen zu ihren liebsten Freizeitbeschäftigungen. Aber auch ein gutes Buch bleibt bei ihr nicht liegen, dabei darf es »mal ein Thriller, mal was fürs Herz« sein.

Das Rezept ist ein Reisemitbringsel aus Ungarn, wo einige ihrer Verwandten wohnen. Am Aufstrich gefällt ihr, dass er »mehr als einfach geht und schmeckt« und die Zutaten habe man sowie meist im Haus.

Zutaten

250 g Quark
125 g Butter
1/2 Zwiebel
2 Essiggurken
Paprikapulver
Salz
Pfeffer

Zubereitung

Butter schaumig rühren. Zwiebel und Essiggurken klein schneiden und hinzufügen, und mit Paprikapulver, Salz und Pfeffer abschmecken.

Zubereitungszeit: 15 Minuten

Radieschen Brotaufstrich

Zubereitungszeit: 15 Minuten

Zutaten

250 g Quark (20% Fettgehalt)
150 g Joghurt (10% Fettgehalt) oder Schmand
150 g Radieschen
1 Spritzer Zitronensaft
5 Blätter Salbei
Salz
Pfeffer

Zubereitung

Salbeiblätter waschen, trocken tupfen, fein hacken und mit Quark und Joghurt verrühren.

Radieschen in feine Scheiben oder in Stifte raspeln und unter die Quark-Joghurt-Masse geben. Mit Salz, Pfeffer und Zitronensaft abschmecken.

Elfriede Rainer-Waldenmeier
Waldstetten

»Meine Enkel, Gartenarbeit, Marmelade kochen und Blumen liebe ich«, zählt die 61-jährige Waldstetterin, gefragt nach ihren Hobbys, auf. Außerdem reist sie viel und gern, vor allem nach Österreich. Dort hat sie viele Freunde, Bekannte und auch Verwandte. Aus der österreichischen Küche nimmt sie gerne mal die eine oder andere Idee und Inspiration mit. Den Brotaufstrich hat sie aber aus heimischen Gefilden, nämlich von der Landesgartenschau, bei der die Landfrauen den Besuchern vielerlei Variationen vorstellten. Der Aufstrich, sagt sie, passe einfach immer dazu – ob zum Vesper oder zum Brunch. Außerdem sei er »hopfaleicht« und die Zutaten habe man meist eh griffbereit im Kühlschrank.

Thunfisch-Frischkäse Aufstrich

Zubereitungszeit: 10 Minuten

Zutaten

1 Dose Thunfischfilets, Natur ohne Öl
200 g Frischkäse Doppelrahmstufe
1 EL Dijon-Senf
1 EL Sahnemeerrettich
1 EL Tomatenketchup
1 EL Zitronensaft
1 kleine Dose Kapern oder
4 kleine Cornichons, in feine Scheiben geschnitten
Salz
Pfeffer

Zubereitung

Alle Zutaten mit einer Gabel gut vermengen.

Helwiga Heinrich
Schechingen

Vielfältig sind die Hobbys von Helwiga Heinrich aus Schechingen, denn nicht nur die Malerei mit dem Spachtel, sondern auch das Schnitzen sowie Handarbeiten und Handwerken zählen zu ihren Steckenpferden. »Zur Entspannung« gestaltet sie außerdem Grußkarten und kümmert sich um ihren Feng-Shui-Garten. Helwiga Heinrich ist nicht nur Mitglied bei den Landfrauen, sondern auch bei der Schwungfederngruppe 50+. »Die Nachmittage bei den Landfrauen und der Schwungfederngruppe sind immer ein Gewinn«, sagt die Schechingerin, die die Offenheit unter den Frauen schätzt. Den Aufstrich hat sie selbst kreiert. Dieser gelinge schnell, ohne den Einsatz von Maschinen und aus einfachen Zutaten.

Tipp: Im Sommer mit **Kräutern** vefeinern

Zubereitungszeit: 5–7 Minuten

Magdalena Zekl
Waldstetten

Zutaten

1 kg Zwetschgen
500 g Holunderbeerenmark
1 kg Gelierzucker 2:1
ca. 5 Gewürznelken

Zubereitung

Vollreife Holunderbeeren mit einer Gabel abzupfen, kurz aufkochen und durch ein Sieb passieren, bis man 500 g Mark mit Saft erhält.

Entsteinte Zwetschgen kurz ankochen, Holundermark unterrühren und mit dem Gelierzucker mischen. Gewürznelken in ein Tee-Ei geben (damit man sie nachher wieder gut entfernen kann) und der Marmelade beifügen.

Das ganze 5–6 Minuten kochen. Dabei gut umrühren, da es ganz schnell anbrennt. Durch eine Gelierprobe feststellen, ob die Marmelade fest wird. Dann die Gewürznelken entfernen.

Sofort in Gläser mit Schraubverschluss füllen, Gläser stürzen und erkalten lassen.

Die musikalische 70-Jährige, die außer Mundharmonika auch Gitarre und Saxophon spielt, ist seit über zehn Jahren bei den Landfrauen. Ursprünglich kommt Magda Zekl aus Ungarn, wo ihre Familie auch einen kleinen Hof hatte. Aufgewachsen ist sie in der Nähe von Ulm. In ihrer Freizeit ist die Waldstetterin nicht nur in vielen Vereinen aktiv, sondern kümmert sich auch um ihr Enkelkind. Das Rezept ist sozusagen ein Familienerbstück, denn es stammt von ihrer Mutter. Von der Marmelade, die ihre Lieblingsmarmelade ist, macht Magda Zekl immer gleich mehrere Gläser, denn diese kann sie pur mit dem Löffel essen, wie sie lachend sagt. Gut, dass Magda Zekl Zwetschgenbäume im Garten hat, so muss sie sich um Nachschub keine Gedanken machen.

Elisabeth Hirner
Waldstetten

Zutaten

1 Zitrone
2 kg Äpfel
1 Packung Gelierzucker 1:2
75 ml Holunderblütensirup
100 ml Prosecco

Zubereitung

Zitrone auspressen.

Äpfel waschen, trocken reiben und bis auf einen halbieren. Mit 3 Esslöffeln Zitronensaft beträufeln.

Äpfel im Entsafter entsaften. 750 ml Apfelsaft abmessen und mit dem Gelierzucker, dem Holunderblütensirup und dem restlichen Zitronensaft verrühren. 4 Minuten sprudelnd kochen.

Den übrigen Apfel halbieren, entkernen und fein würfeln (Hinweis: der Apfel wird mit der Schale verwendet). Die Apfelstückchen zusammen mit dem Prosecco die letzte Minute mitkochen.

Gelee in vorbereitete Gläser füllen und sofort verschließen.

Zubereitungszeit: 5 Minuten

Tipp: Ein Apfel mit roter Schale kommt im Gelee besser zur Geltung

Ilse Haag
Ruppertshofen

Zutaten

300 g Holunderblütendolden
6 Zitronen
6 Aprikosen oder
6 Pfirsiche oder
je 3 Aprikosen und 3 Pfirsiche
12 grössere Erdbeeren

Für 500 g Fruchtmischung:
400 g Gelierzucker
2 TL Vanillezucker
1 Päckchen Gelierfix

Zubereitung

Holunderblüten (ohne Dolden) mit Saft von 6 Zitronen in einer Schüssel mit Deckel ansetzen. 2 Tage ziehen lassen. Zwischendurch die Blüten umrühren.

Aprikosen oder Pfirsiche (oder je halb und halb) entsteinen. Erdbeeren putzen und alles pürieren.

Den Holunder dazu geben und dann alles zusammen wiegen.

Zu 500 g Fruchtmischung 400 g Gelierzucker, 2 Teelöffel Vanillezucker und 1 Päckchen Gelierfix geben und 3 Minuten lang kochen.

Nach Geschmack einige Erdbeeren, Aprikosen oder Pfirsiche würfeln und mitkochen.

Tipp: Passt gut zu **Waffeln** Pfannkuchen und **Hefezopf**

Zubereitungszeit: 20 Minuten

süss-herber Brotaufstrich

Eiweiß Brot

Karin Wolpert
Mittelbronn

Die 61-jährige Bürokauffrau aus Mittelbronn ist offen für Neues, denn in ihrer Freizeit läuft sie, liest, pflegt ihren Garten, macht Nordic Walking und spielt Volleyball. Auch beim Landfrauenverein, bei dem schon ihre Mutter als Kassiererin aktiv war, schätzt sie das Angebot für Jung und Alt und dass jeder etwas mitnehmen könne. So fasst sie zusammen: »Jeder kommt abends heim und hat etwas Neues erfahren«. Das Rezept des Eiweiß-Brotes hat sie von ihrer Tochter, Karin Wolpert hat es getestet und für gut befunden und macht das Brot nun öfters. Gut sei außerdem, dass das Brot sehr schnell zubereitet ist, da es ohne Hefe ist.

Zutaten

250 g Haferkleie
50 g Weizenkleie
500 g Magerquark
3 EL Leinsamen
Sonnenblumenkerne nach Belieben
6 Eier
1 TL Salz
1 Päckchen Backpulver

Zubereitung

Alle Zutaten miteinander verrühren, Teig in eine mit Backpapier ausgelegte oder gut gefettete Backform geben und 50–60 Minuten bei 200 °C backen.

Zubereitungszeit: 15 Minuten
Backzeit: 50–60 Minuten

Gerlinde Frei
Waldstetten

Zutaten

100 g Dinkelmehl
400 g Mehl
2 EL Sauerteigpulver
1 EL Olivenöl
1 gehäufter TL Salz
1 TL Zucker
1 Hefe, wenn möglich Frischhefe
350 ml lauwarmes Wasser

Zubereitung

Alle Zutaten zu einem Brotteig verarbeiten. Auf einem mit Backpapier belegten Blech einen Fladen formen, mit Olivenöl bestreichen und mit Schwarzkümmel bestreuen.

Circa eine Stunde gehen lassen, anschließend bei 210 °C Ober-/Unterhitze 20 Minuten backen.

Zubereitungszeit: 10 Minuten
Ruhezeit: 60 Minuten
Backzeit: 20 Minuten

Fladen-Brot

Dinkel-Vollkorn Brot

Zubereitungszeit: 60 Minuten
Ruhezeit: 90 Minuten
Backzeit: 60 Minuten

Zutaten

1 kg Dinkelvollkornmehl
100 g Leinsamen
70 g Sonnenblumenkerne
70 g Sesam
20 g Salz
3 EL Obstessig
1/2 Würfel Hefe
1 TL Honig
ca. 750 ml Wasser

Zubereitung

Die Hälfte des Mehls etwa 2 Stunden einweichen (Wassermenge vom Rezept abziehen).

Alle Zutaten verkneten. Den Teig ca. 1,5 Stunden gehen lassen. In eine gefettete Kastenform füllen und nochmals kurz gehen lassen.

Bei 250 °C Ober-/Unterhitze 30 Minuten backen und dann bei 180 °C nochmals 30 Minuten backen.

Tipp: Schmeckt besonders frisch mit **Rucola oder Kresse** im Frühling und Sommer

Petra Grau
Mittelbronn-Frickenhofen

Das Leben auf dem Hof kennt Petra Grau schon von Kindesbeinen an. Aufgewachsen ist die 48-Jährige in Holzhausen auf einem kleinen Hof, auf dem sie, wie auch heute noch, Milchvieh hatten. Die Kinder nannten ihn allerdings liebevoll »Hobby-Ranch«, da die Familie den Hof im Nebenerwerb führte. Bei den Landfrauen schätzt die Mutter von vier erwachsenen Kindern das gute Miteinander und die Vielfalt des Programms. Gerne nimmt sie vor allem an den Halbtagesausflügen teil, denn »dort sieht man Orte, die man sonst nicht besucht«.
Petra Grau, die gerne selber backt, hat das Brotrezept in einem Kochbuch gefunden. Allerdings hat sie es entsprechend ihrem Geschmack abgewandelt, da sie nur mit Dinkelmehl backt und kocht. Die beste Kombination sei, empfiehlt Petra Grau, das Brot mit Honig zu genießen.

Susanne Dürr
Großdeinbach

»Da gibt's auch Gymnastikangebote; da kannst du ja mal hingehen«, dieser Satz ihrer Nachbarin weckte vor 13 Jahren das Interesse Susanne Dürrs an den Landfrauen. Mittlerweile ist die Notarin Schriftführerin bei den Landfrauen Großdeinbach und kümmert sich um alles, was mit Protokollen, Pressemitteilungen und Bilderverwaltung zu tun hat. »Im Vorstand«, sagt Susanne Dürr, »gibt es immer viel Arbeit, aber es macht natürlich auch Spaß.«
Spaß bereiten ihr neben der Malerei auch ihre weiteren Hobbys wie das Wandern und Radfahren. Das Brot hat eine besondere Entstehungsgeschichte, denn ihr Großvater Josef Bühlmaier war Bäcker und wuchs als Sohn des Schlossverwalters in Horn auf. So kreierte sie das Brot, das sie mit eigenen Zutaten verfeinerte, und dessen Namen in Gedenken an ihren Großvater.

Tipp:
Party-Hit: Das Brot als Baguette formen

Zubereitungszeit: 20 Minuten
Backzeit Brot: 40 Minuten
Backzeit Baguette: 20–25 Minuten

Zutaten

300 g Weizenmehl Typ 405
50 g Weizenvollkornmehl
10 g Backmalz
80 ml Milch
100 ml Wasser
1/2 Hefewürfel od. 1 Pck. Trockenhefe
1/2 TL Salz
20 g gehackte Kürbiskerne, in der Pfanne frisch geröstet
25 g gewürfelter Speck
20 g Sesam

Zubereitung

Alle Zutaten bis auf den Sesam nach und nach in eine Rührschüssel geben und 8–10 Minuten zu einem festen Teig schlagen. Den Teig abgedeckt an einem warmen Ort gehen lassen, bis er etwa doppelt so hoch ist.

Danach den Teig auf einer bemehlten Arbeitsfläche noch einmal kräftig durchkneten, zu einer Kugel formen und auf ein Backpapier legen. Das Backpapier samt dem Hefeteig in eine Salatschüssel legen, abdecken und nochmals 30 Minuten gehen lassen.

Das Papier mit dem Teig auf ein Backblech legen, die Oberfläche des Brots mit Wasser benetzen und die Sesamkörner auf das Brot geben.

Das Blech in einen auf 220 °C Ober-/Unterhitze vorgeheizten Backofen schieben und sofort mit der Blumenspritze noch etwas Wasser in den Ofen sprühen. Den Ofen nach 10 Minuten auf 180 °C zurückschalten.

Schloss-Schmiede Brot

Schlatthof Briegel

Barbara Weber
Waldstetten

Barbara Weber ist gleich dreifaches Gründungsmitglied: Vor über 30 Jahren hat sie die Waldstetter Landfrauen mitgegründet, vor 23 Jahren »ihr mittlerweile größtes Hobby«, die »Hilfe für Togo«, und vor zwei Jahren die Mundharmonikagruppe bei den Landfrauen, die ihr »unheimlich Spaß« macht. Die aus Durlangen stammende Barbara Weber verschlug es der Liebe wegen nach Waldstetten, denn seit 39 Jahren ist sie mit dem »Schlatthofbauer« verheiratet. Mit ihm fliegt sie einmal im Jahr nach Togo, wo sie auch die afrikanische Küche kennen- und lieben gelernt hat. Aus heimischen Produkten sind dagegen ihre Schlatthofbriegel, die auch gut zu Gegrilltem passen, und der Brotaufstrich, der sich »optimal zur Resteverwertung eignet.«

Zutaten

500 g Mehl (Typ 405)
500 g Mehl (Typ 1050)
2 Würfel Hefe
1/2 TL Salz
750 ml Wasser
grobes Salz
Kümmel

Tipp: Hände mit **kaltem Wasser** nass machen und **die Briegel formen**

Zubereitungszeit: 15 Minuten
Ruhezeit: 15 Minuten
Backzeit: 15 Minuten

Zubereitung

Mehl in eine Schüssel geben und in der Mitte eine Kuhle machen und mit der Hefe und etwas Wasser zu einem Vorteig verarbeiten. Etwa 15 Minuten ruhen lassen. Salz zugeben und nach und nach mit dem Wasser einen geschmeidigen Teig herstellen. Diesen etwa 30 Minuten ruhen lassen.

12 Briegel formen und auf mit Backpapier ausgelegte Bleche legen. Grobes Salz und Kümmel auf die Stangen streuen und bei 220–250 °C Ober-/Unterhitze im vorgeheizten Backofen etwa 15 Minuten blassgelb backen.

Damit die Briegel die typische glänzende Oberfläche bekommen, in die vorgewärmte Fettpfanne auf dem Boden des Ofens etwa 250 ml kaltes Wasser schütten.

Brunhilde Funk
Grossdeinbach

»Die Landfrauen sind eine unheimliche Bereicherung, weil sie einfach fit sind«, sagt Brunhilde Funk lachend. Fit, das ist auch die Großdeinbacherin, die einen Hof im Haupterwerb betreibt. Denn zu ihren Hobbys zählen Nordic Walking, Turnen, Line-Dance, ihr Garten und Basteln. Viele ihrer sportlichen Aktivitäten übt sie bei und mit den Landfrauen aus, denen sie vor 15 Jahren beitrat.

Die gebürtige Durlangerin backt oft Brot selbst und ist dabei immer auf der Suche nach glutenfreien Rezepten. Das Knusperbrot erfreut sich in der Familie großer Beliebtheit, denn, wie Brunhilde Funk lachend sagt, sei es zwar theoretisch lange haltbar, aber in der Regel halte es in ihrer Familie nie sehr lange.

Zutaten

100 g Speisestärke
4 EL Sesam
2 EL Leinsamen
Kürbiskerne
Sonnenblumenkerne
1/2 TL Paprikapulver
2-3 EL Rapsöl
150 ml kochendes Wasser

Tipp: Mit Dauerbackfolie anstatt Backpapier gelingt das Auswellen leichter

Zubereitungszeit: 20 Minuten

Zubereitung

Speisestärke, Sesam, Leinsamen, Kürbiskerne und Sonnenblumenkerne verrühren. Salz, Paprikapulver und Rapsöl unterrühren. Kochendes Wasser einrühren und etwa 10 Minuten quellen lassen.

Den Backofen auf 150 °C Umluft vorheizen. Zwei Backbleche mit Backpapier oder Dauerbackfolie auslegen und die Masse darauf verteilen.

Ein zweites Backpapier/Dauerbackfolie auf der Masse hilft, den Teig dünn und gleichmäßig auszustreichen.

Die Bleche etwa 45 Minuten in den heißen Ofen schieben.

Glutenfreies Knusperbrot

Börek

Zubereitungszeit: 10–20 Minuten
Backzeit: 20–30 Minuten

Zutaten

1 Packung Teigblätter (Yufka)
200 g Feta-Käse
1 kleiner Bund Petersilie
1 Eiweiß
1 Eigelb
1 Glas Sprudel
1/2 Glas Öl
500 ml Milch
200 g Sahne

Zubereitung

Petersilie hacken, mit Käse mischen. Sprudel, Milch, Öl, Eiweiß und 100 g Sahne mit dem Schneebesen verquirlen. Das Backblech mit Öl bestreichen.

1 Blatt Yufka auf das Blech legen und mit der Flüssigkeit bestreichen, den Vorgang zweimal wiederholen. Die Käsemasse auf dem Teig gut verteilen und mit Yufka den Vorgang wiederholen. 100 g Sahne und Eigelb mischen und auf den Teig verteilen.

Im Backofen bei 200 °C Ober-/Unterhitze ca. 20–30 Minuten backen.

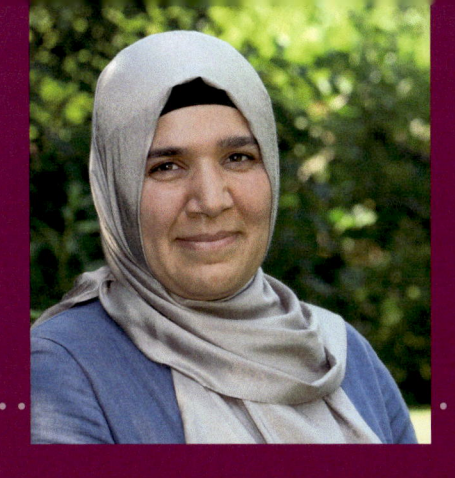

Aynur Keles
Leinzell

Aynur Keles ist Mitglied der »Gesellschaft für Dialog«. »Vieles« ist ihre Antwort auf die Frage, was genau sie im Verein machen. Dann führt sie auf: die Gmünder Gespräche, Dialogdinner, gemeinsame Frühstücke, einen jährlichen Ausflug … Aynur Keles ist dabei wichtig, dass »man nicht nebeneinander lebt, sondern miteinander und einfach zusammenkommt.« Zum Beispiel bei den Frühstücken, an denen die gebürtige Gmünderin gerne teilnimmt.

Ihre Hobbys sind »kochen und backen auf jeden Fall«, wie sie lachend sagt. Viele Rezepte stammen aus ihrem Familien- und Bekanntenkreis. Immer wenn sie ein gutes Gericht entdecke, frage sie nach dem Rezept. Manchmal ändert sie dieses ab, ganz nach ihrem Geschmack. Die Käsebeutel und Börek gibt es bei Aynur Keles oft bei großen Feiern und kalten Buffets.

Tipp: Um einen **knusprigen Teig** zu erhalten, das Backpapier **mit Öl bestreichen**

Pizza Briegel

Zubereitungszeit: 15 Minuten

Zutaten

8 Briegel
300 g grober Leberkäse
300 g geriebener Emmentaler
1 Becher Sahne
1 Becher Joghurt
1 mittelgroße Zwiebel
1 Bund Schnittlauch
diverse Kräuter aus dem Garten
1/2 TL Salz
1/2 TL Pfeffer
1 TL Delikatessbrühe

Zubereitung

Leberkäse fein schneiden. Zwiebel klein schneiden. Leberkäse, Emmentaler, Zwiebel, Kräuter, Joghurt und Sahne vermischen, Salz, Pfeffer und Brühe hinzugeben. Den Aufstrich 60 Minuten ziehen lassen.

Backofen auf 190 °C Umluft vorheizen. Die Briegel aufschneiden, sodass 16 aufgeschnittene Hälften entstehen. Die Briegelhälften mit dem fertigen Aufstrich bestreichen und auf einem mit Backpapier ausgelegten Backblech 20–25 Minuten goldgelb backen.

Tipp: Den Backofen auf 150 Grad vorheizen und erst am Schluss die Temperatur höher stellen. So werden die Briegel schön knusprig.

Monika Kucher
Großdeinbach

Drei erwachsene Töchter hat Monika Kucher, zwei davon sind Zwillinge. Der doppelte Kindersegen war letztlich der Anlass, dass die gebürtige Waldstetterin nach Großdeinbach zog. Seit 2007 gehört sie dort den Landfrauen an, zudem ist sie ein Gründungsmitglied der Schwungfedergruppe I. Die 58-Jährige beschreibt sich selbst als zupackend: »Die Worte ›geht nicht‹ gibt es bei mir nicht«, sagt sie. Die kaufmännische Angestellte ist auch in ihrer Freizeit gern aktiv: Sie treibt Ausdauersport, spielt Mundharmonika und kümmert sich um ihren Garten. Dort pflanzt sie Salat, Bohnen und Kräuter an und erfreut sich daran, wenn ihr grünes Reich wächst und gedeiht. Ihr Rezept hat sie bei einem Geburtstag aufgeschnappt und kredenzt es ihren Gästen gerne, »wenn man gemütlich zusammensitzt«.

Essbare Fliegenpilze

Zubereitungszeit: 20 Minuten

Zutaten

für sechs Fliegenpilze:
6 Eier
1 kleine Schachtel Kresse
6 kleine Tomaten
1 EL Mayonnaise

Zubereitung

Eier abkochen, abkühlen und pellen.

Kresse abschneiden, waschen, gut abtropfen lassen und auf einer Porzellanplatte anrichten, dass es wie eine Wiese aussieht.

Von jedem Ei die stumpfe Seite abschneiden und Eier aufrecht hinstellen.

Die Tomaten ebenfalls etwas abschneiden, sodass der Stängelansatz mit entfernt wird, etwas aushöhlen und mit der Öffnung nach unten auf die Eier setzen.

Mit Mayonnaise werden jetzt noch die Punkte aufgetupft und die Pilze auf die grüne Wiese gesetzt.

Tipp: Schön als Buffet-Dekoration vor allem für Kinder

Simone Geiger
Herlikofen

Simone Geiger ist eine der Jüngsten der rund 40 Landfrauen in Herlikofen. Die 35-Jährige, deren Eltern einen landwirtschaftlichen Betrieb haben und deren Mutter schon bei den Landfrauen war, kam hauptsächlich über das Gymnastik-Angebot zu den Landfrauen. Toll findet sie »die Gemeinschaft und dass alle Generationen vertreten sind und das alte Wissen weitergegeben wird.« Die Vorträge der Landfrauen besucht sie gerne, wenn sie ausreichend Zeit findet. Ansonsten geht die Bankfachwirtin gerne in der Natur spazieren oder bastelt. Das Rezept der Fliegenpilze stammt noch aus ihrem ersten Kochbuch und eignet sich gut als Dekoration bei einem Büfet. Das Rezept des Obazda haben ihre Geschwister »angeschleppt«, als sich Simone Geiger eine neue Küchenmaschine zulegte. Seither wird es immer zu einem zünftigen Vesper zubereitet, als vegetarische Alternative.

Aynur Keles
Leinzell

Zutaten

für den Teig:
250 g Quark
250 ml Öl
250 ml lauwarme Milch
1 Hefe
1 Backpulver
1 Ei (Eigelb trennen und auf die Beutel streichen)
1 EL Zucker
1 EL Salz
ca. 500-750 g Mehl

Für die Füllung:
Fetakäse
Petersilie

Zubereitung

Zutaten miteinander mischen, langsam nach und nach Mehl dazugeben und einen festen Teig kneten.

Bei Zimmertemperatur etwa eine Stunde gehen lassen.

Käse zerkleinern (reiben), Petersilie fein schneiden und mischen. Den Teig in kleine Teile (Ei-Größe) zerlegen.

Zerlegter Teig mit den Fingern vergrößern und mit Käse füllen und schließen. Auf das Backblech legen und mit Eigelb bestreichen.

20–30 Minuten bei 200°C Ober-/Unterhitze backen

Zubereitungszeit: 50–60 Minuten
Ruhezeit: 60 Minuten
Backzeit: 20–30 Minuten

Käsebeutel Pogaca

© 2015 by einhorn-Verlag+Druck GmbH

Gesamtherstellung
einhorn-Verlag+Druck GmbH

Herausgeber
KreislandFrauenverein Schwäbisch Gmünd

Projektleitung
Johannes Paus, einhorn-Verlag

Fotos
Elias Blumenzwerg, Wallerstein

Redaktion
Kathrin Klar, einhorn-Verlag

Gestaltung und Satz
Jacqueline Oettle, einhorn-Verlag

Alle Rechte, insbesondere das Recht der Vervielfältigung, Verbreitung und Übersetzung, vorbehalten. Kein Teil des Werks darf in irgendeiner Form ohne schriftliche Genehmigung reproduziert oder unter Verwendung elektronischer Systeme verarbeitet, vervielfältigt oder verbreitet werden.

ISBN 978-3-95747-019-5

2. korrigierte Auflage, August 2021
Printed in Germany

Making Of
Photoshooting